읽으면서 깨치는
나의 첫 한자책 ③

읽으면서 깨치는
나의 첫 한자책 ③

이이화·강혜원·박은숙 지음 | 박지윤·송진욱 그림

초대하는 글
우리말 실력을 키우며 삶의 지혜를 배우는
똑똑한 한자

누군가 "성이 뭐예요?" 하고 묻는다면 어떤 대답이 나올까요?
"김 씨나 이 씨, 박 씨 같은 가족의 성을 말합니다."
"여성, 남성을 가리키는 말이지요."
"궁궐을 말하는 거 아닌가요? 아니면 적의 침략을 막기 위해 쌓은 높은 담 같은 건가요?"

이 밖에도 많은 대답이 나올 수 있을 거예요.
'성'처럼 같은 소리인데도 다른 뜻을 가진 낱말은 많아요. 바로 한자어로 된 말들인데, 우리말에는 한자어로 된 말이 참 많지요. '아하! 우리말 실력을 키우려면 한자를 배워야겠구나.' 그런 생각이 들 거예요.
한자를 배우면 우리말 실력이 자랄 뿐 아니라 생각의 힘도 커진답니다. 어떻게 그 글자가 생겨났는지, 글자 안에 어떤 생활 모습이 담겨 있는지, 그 글자로 만들 수 있는 낱말이 무엇인지 꼬리에 꼬리를 물고 생각이 이어지기 때문이지요.

그렇다면 한자를 어떻게 배워야 할까요? 쓰고 또 쓰고, 외우고 또 외우며 열심히 공부하면 될까요? 물론 한자를 무조건 외우고 쓰는 방법도 있겠지만, 이건 정말 지루한 한자 공부 방법이에요. 이 책은 여러분이 쉽고 재미나게 한자를 익혀 나갈 수 있도록 이끌어 줍니다. 한자와 관련된 그림과 글들을 곁들여 술술 재미나게 읽힙니다. 읽다 보면 자연스럽게 한자의 뜻을 깨치고, 어느덧 많은 낱말을 알게 되지요.

1권에서는 쉬운 글자부터 시작합니다. 어떻게 만들어졌으며 어떤 뜻을 지닌 글자인지 아주 옛날의 글자 모양과 그림을 통해 이해할 수 있을 거예요. 서로 연관된 글자들을 함께 모아 생각이 이어지도록 했습니다.

2권에서는 뜻이 반대되는 한자, 뜻이 비슷한 한자, 부수가 같은 한자 등을 통해 우리말 실력을 키우며 생각의 폭이 더욱 넓어지도록 했습니다.

3권에서는 음이 같은 한자와 그 한자가 포함된 낱말, 뜻이 반대되는 낱말, 우리 생활과 친숙한 한자어들을 배울 수 있습니다.

1, 2, 3권 모두 한자에 얽힌 이야기와 고사성어, 그림 등이 함께 실려 있습니다. 재미있게 한자를 만나면서 실력을 키워 갈 수 있을 거예요.

이 책을 읽으면서 한자에 담긴 뜻을 깨치고, 우리말 실력을 키우며 삶의 지혜를 아울러 배워 가길 바랍니다. 읽다 보면 어느덧 똑똑한 한자를 깨친, 똑똑한 한자 실력쟁이가 되어 있을 거예요. 또 나중에 한국사나 고전문학과 같은 학문을 공부할 때에도 한자 실력은 이해력을 아주 높여 준답니다. 어때요? 우리 함께 읽으면서 깨치는 한자 공부를 시작해 볼까요?

2019년 8월

이이화·강혜원·박은숙

차례

초대하는 글　4

① **반대되는 글자로 이루어진 말 I**　8
　고사성어　조삼모사

② **반대되는 글자로 이루어진 말 II**　14
　고사성어　새옹지마

③ **같은 뜻의 글자로 이루어진 말 I**　20
　고사성어　양두구육

④ **같은 뜻의 글자로 이루어진 말 II**　26
　고사성어　명경지수

⑤ **뜻이 반대되는 말**　32
　고사성어　개과천선

　속담과 성어로 배우는 한자　38

⑥ **물과 힘에 관련된 말**　40
　고사성어　철면피

⑦ **집과 재물에 관련된 말**　46
　고사성어　화룡점정

⑧ **'기(己)'와 '고(古)' 음이 있는 말**　52
　고사성어　백아절현

⑨ **'공(工)'과 '방(方)' 음이 있는 말**　58
　고사성어　지록위마

⑩ **'성(成)'과 '청(靑)' 음이 있는 말**　64
　고사성어　낭중지추

　속담과 성어로 배우는 한자　70

⑪ **학문과 관련된 말** 72
　고사성어　조강지처

⑫ **운동과 관련된 말** 78
　고사성어　당랑거철

⑬ **여행과 관련된 말** 84
　고사성어　빈자일등

⑭ **방송과 관련된 말** 90
　고사성어　미생지신

⑮ **지구의 특징을 보여 주는 말** 96
　고사성어　등용문

　속담과 성어로 배우는 한자　102

1 반대되는 글자로 이루어진 말 I

서로 반대되는 글자가 모여 하나의 뜻을 이루는 낱말이 있다. 세상은 서로 다른 것이 모여 조화를 이루기도 하고, 다른 것 때문에 또 다른 하나의 소중함이 두드러지기도 한다. **나**[자 自]와 **남**[타 他]은 서로 반대되는 말이지만, 두 글자가 모여 '**자타**(自他)'라는 낱말을 이룬다. 나와 남이 어우러져 세상을 이루고, **주인과 손님**[주객 主客]이 있기에 맞이하고 머물고 떠나는 기쁨이 있다. 인간의 삶에는 **좋고 나쁨**[길흉 吉凶]이 있고, **기쁨과 슬픔**[희비 喜悲]이 있으며, **재앙과 행복**[화복 禍福]이 있다. 인간의 역사도 **흥망**(興亡)의 굽이굽이를 지나간다.

음과 모양이 비슷한 한자 익히기

- 非
  - 非 → 非 아닐 비
  - 非 + 心(마음 심) → 悲 슬플 비

- 主
  - 主 → 主 주인 주
  - 人(사람 인) + 主 → 住 살 주
  - 木(나무 목) + 主 → 柱 기둥 주
  - 氵(水 물 수) + 主 → 注 물 댈 주

自 他

스스로 **자**　남 **타**

나와 남

主 客

주인 **주**　나그네 **객**

주인과 손님

師 弟

스승 **사**　　제자 **제**

스승과 제자

文 武

글 **문**　　무사 **무**

학문과 무예(글을 읽는 일과 말 타고 활 쏘는 일), 문관과 무관

吉	凶	
길할 길	흉할 흉	운이 좋고 나쁨, 좋은 일과 궂은 일
吉	凶	
吉	凶	
吉	凶	

禍	福	
재앙 화	복 복	재앙과 행복
禍	福	
禍	福	
禍	福	

1 반대되는 글자로 이루어진 말 I

興亡

일어날 **흥** · 망할 **망**

흥함과 망함

喜悲

기쁠 **희** · 슬플 **비**

기쁨과 슬픔

조삼모사

朝 三 暮 四
아침 조 셋 삼 저물 모 넷 사

- 아침에 세 개, 저녁에 네 개를 주다.
- 간사한 꾀로 남을 속이고 농락한다는 뜻

1 반대되는 글자로 이루어진 말 I

2 반대되는 글자로 이루어진 말 Ⅱ

반대되는 글자로 이루어진 낱말이 있다는 것은 세상이 늘 같지 않다는 뜻이다. 어둠은 오히려 밝음이 온다는 희망을 주기도 하며, 기쁨의 이면에는 슬픔도 있다는 깨달음을 주기도 한다. 문을 **열고 닫는**[개폐 開閉] 것처럼 우리의 미래는 활짝 열리기도 하고 닫히기도 한다. 무엇인가를 **시작**하면 **끝**이 있고[시종 始終], **얻는 것**이 있으면 **잃는 것**도 있다[득실 得失].

음과 모양이 비슷한 한자 익히기

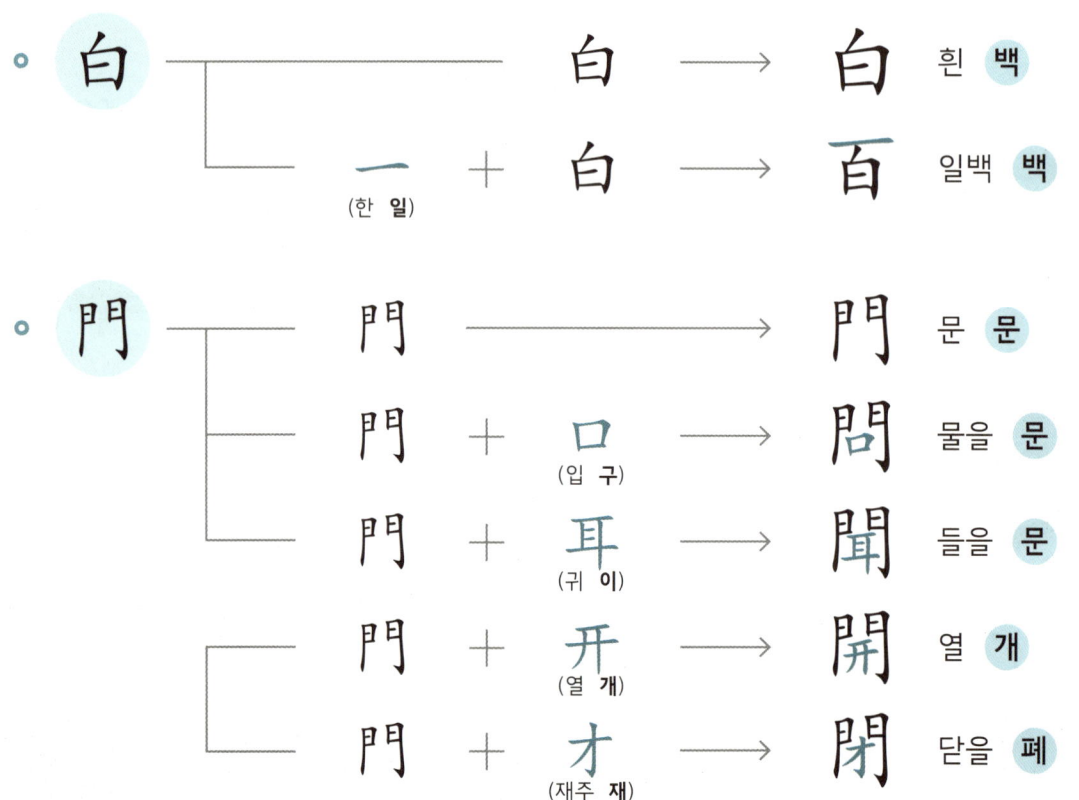

開	閉	
열 개	닫을 폐	열고 닫음.
開	閉	
開	閉	
開	閉	

始	終	
처음 시	마칠 종	처음과 끝
始	終	
始	終	
始	終	

2 반대되는 글자로 이루어진 말 Ⅱ

得 失

얻을 **득**　　잃을 **실**

얻음과 잃음, 이익과 손해

加 減

더할 **가**　　덜 **감**

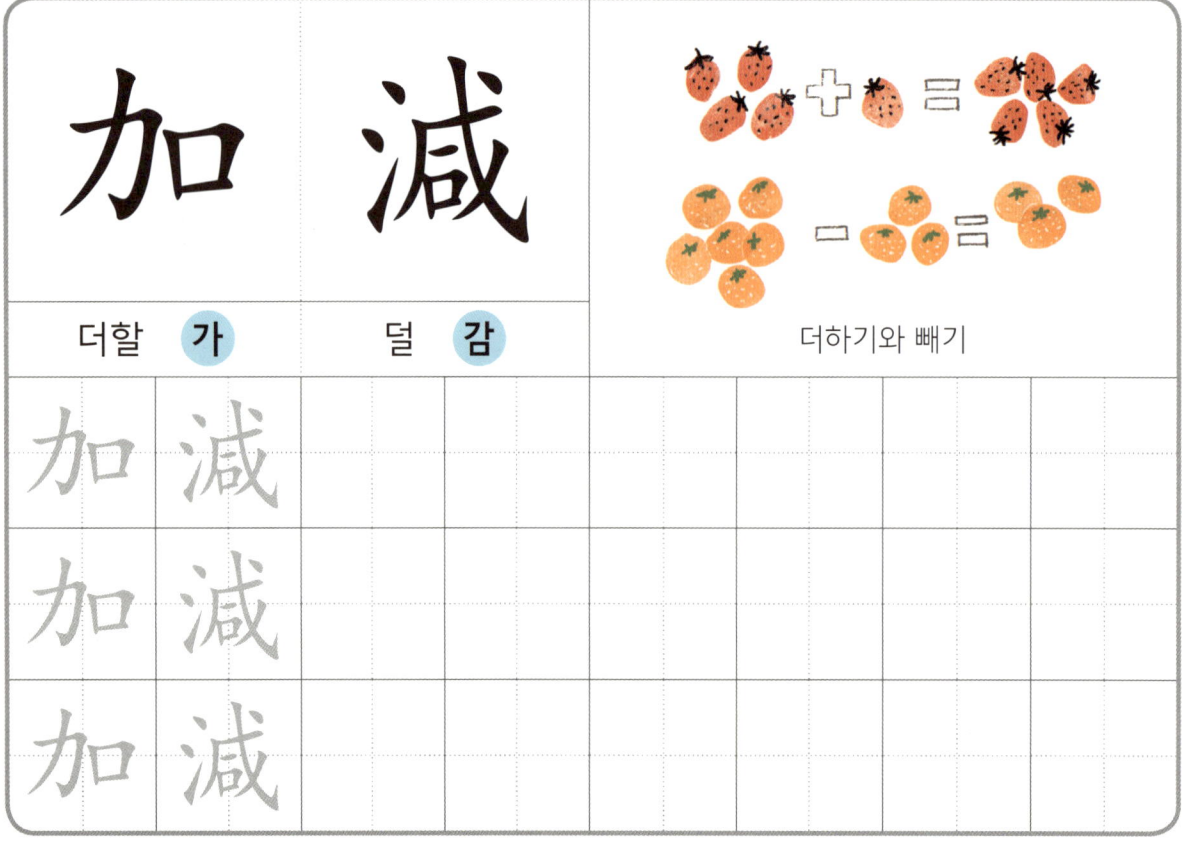

더하기와 빼기

寒 暑

찰 한　　더울 서

추위와 더위

溫 冷

따뜻할 온　　찰 랭

따뜻한 기운과 찬 기운

2 반대되는 글자로 이루어진 말 II

黑 白

검을 **흑** / 흰 **백**

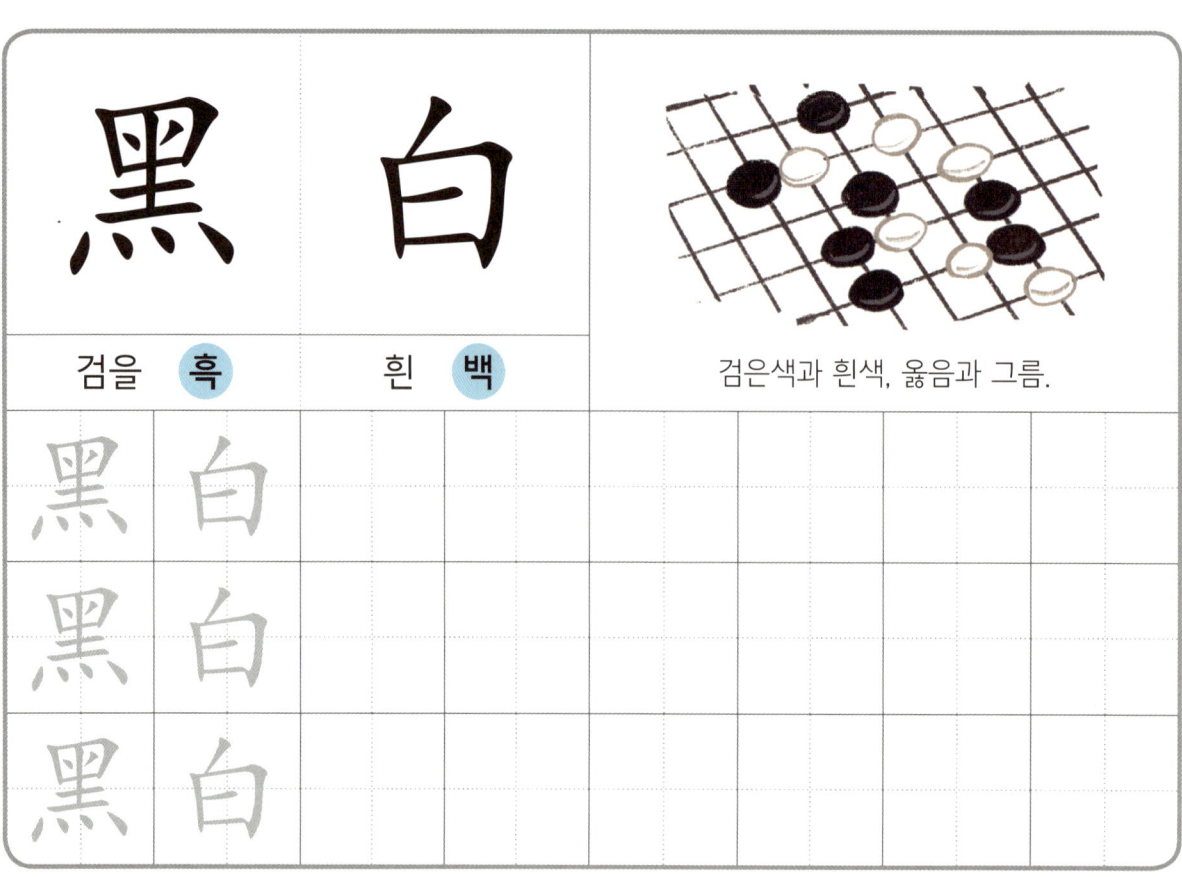

검은색과 흰색, 옳음과 그름.

往 來

갈 **왕** / 올 **래**

가고 오고 함, 서로 교제하여 사귐.

새옹지마

塞翁之馬
변방 **새** 늙은이 **옹** 어조사 **지** 말 **마**

- 변방에 사는 노인의 말
- 인생의 길흉화복은 항상 바뀌어 미리 헤아릴 수 없다는 말

3 같은 뜻의 글자로 이루어진 말 I

같은 뜻의 글자가 합해지면 그 뜻이 더 강해지고, 하나의 말로 우뚝 선다. **벗 붕**(朋) 자와 **벗 우**(友) 자가 따로 있을 때는 불안정한 하나의 글자 같지만, 둘이 합해지면 친구라는 뜻을 지녀 조금 더 단단한 낱말이 된다. **군중**(群衆)이 나아갈 바를 함께 **의논**(議論)해서 뜻을 모으면 **거대**(巨大)한 힘을 발휘하는 것처럼, 맡은 일에 최선을 다해야 하는 **책임**(責任)이나 엄정한 **명령**(命令), 반드시 지켜야 할 **법칙**(法則) 등의 낱말은 같은 뜻이 모여 더 힘 있는 말이 된다.

음과 모양이 비슷한 한자 익히기

- 義 ┬ 義 → 義 옳을 의
      └ 言(말씀 언) + 義 → 議 의논할 의

- 巨 클 거   臣 신하 신
- 友 벗 우   右 오른쪽 우

朋 友

벗 붕 / 벗 우

벗, 비슷한 또래로서 서로 친하게 사귀는 사람

群 衆

무리 군 / 무리 중

한곳에 모인 많은 사람, 수많은 사람

身體

몸 신　　몸 체

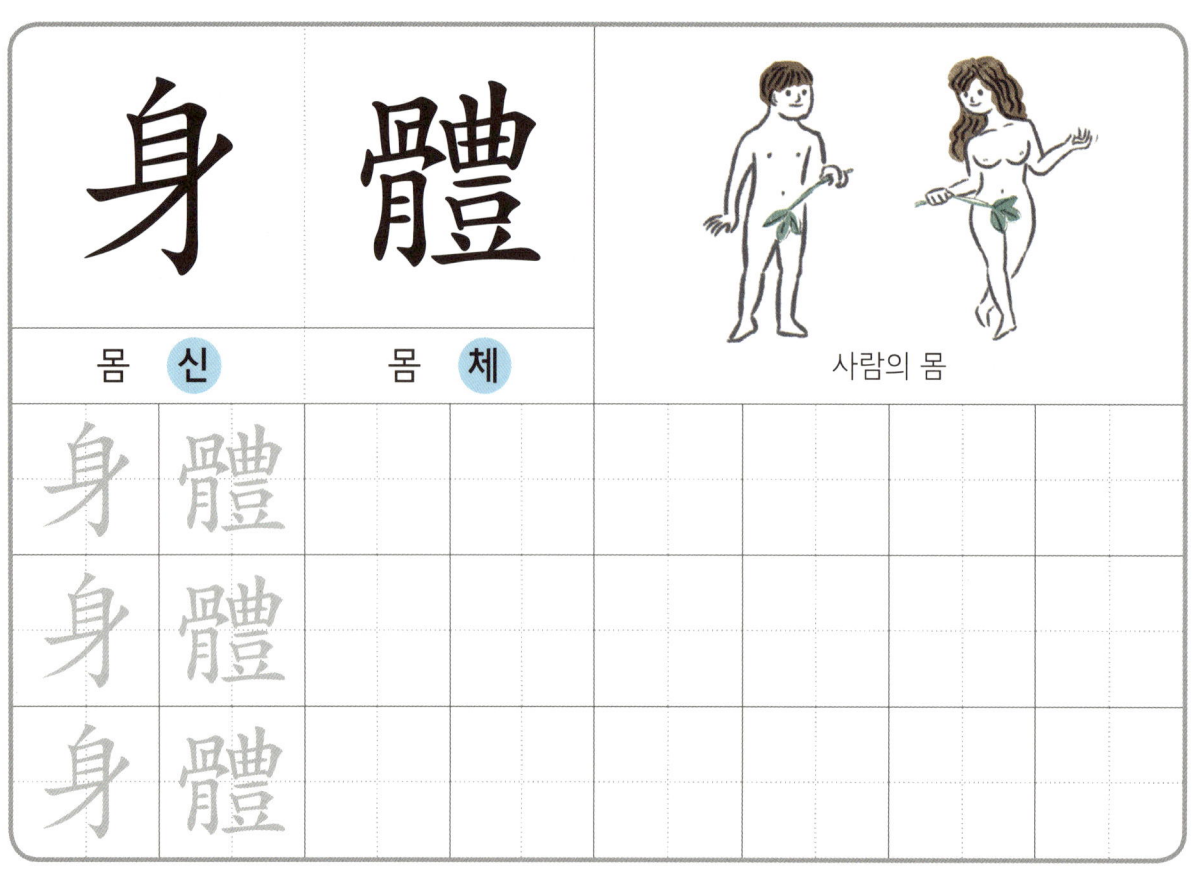
사람의 몸

巨大

클 거　　큰 대

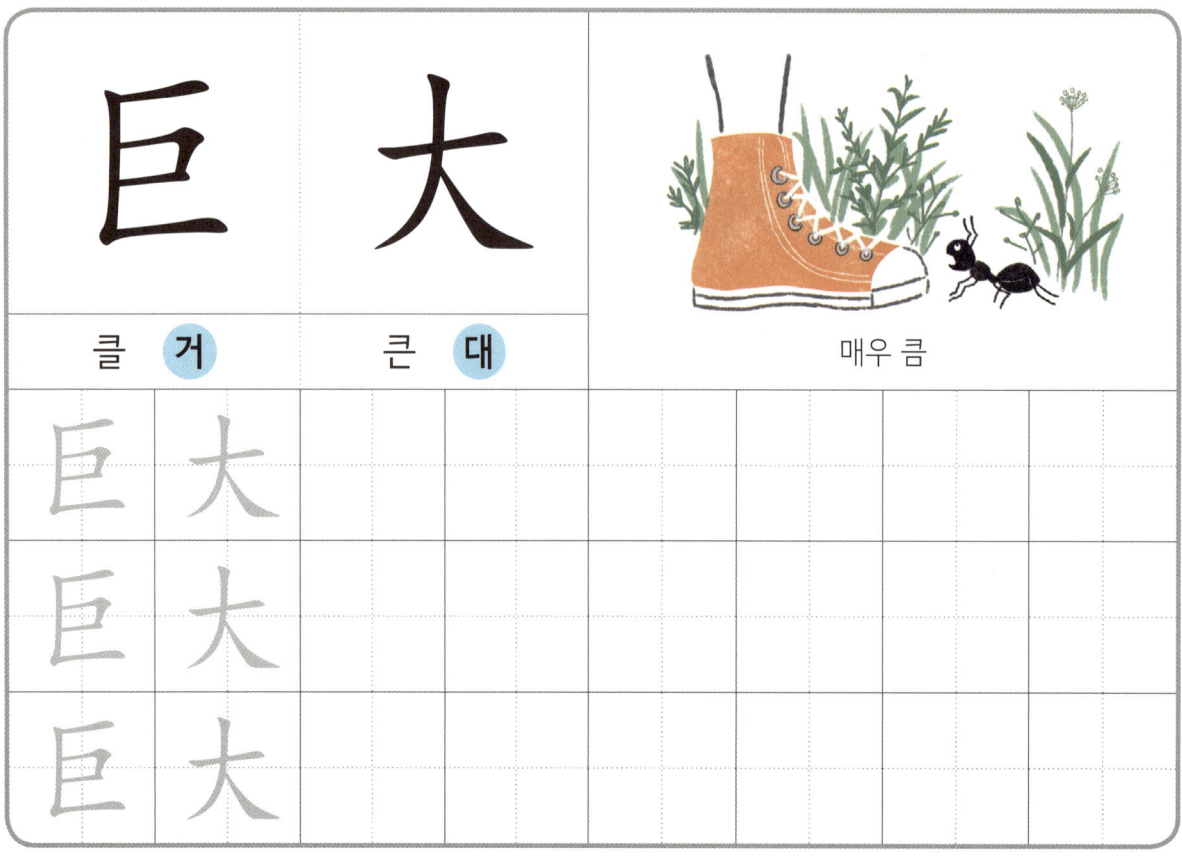
매우 큼

責任

맡을 책　맡을 임

맡아서 해야 할 일

命令

명령 명　하여금 령

윗사람이 아랫사람에게 무엇을 하도록 시킴.

法則

법 **법**　　법 **칙**

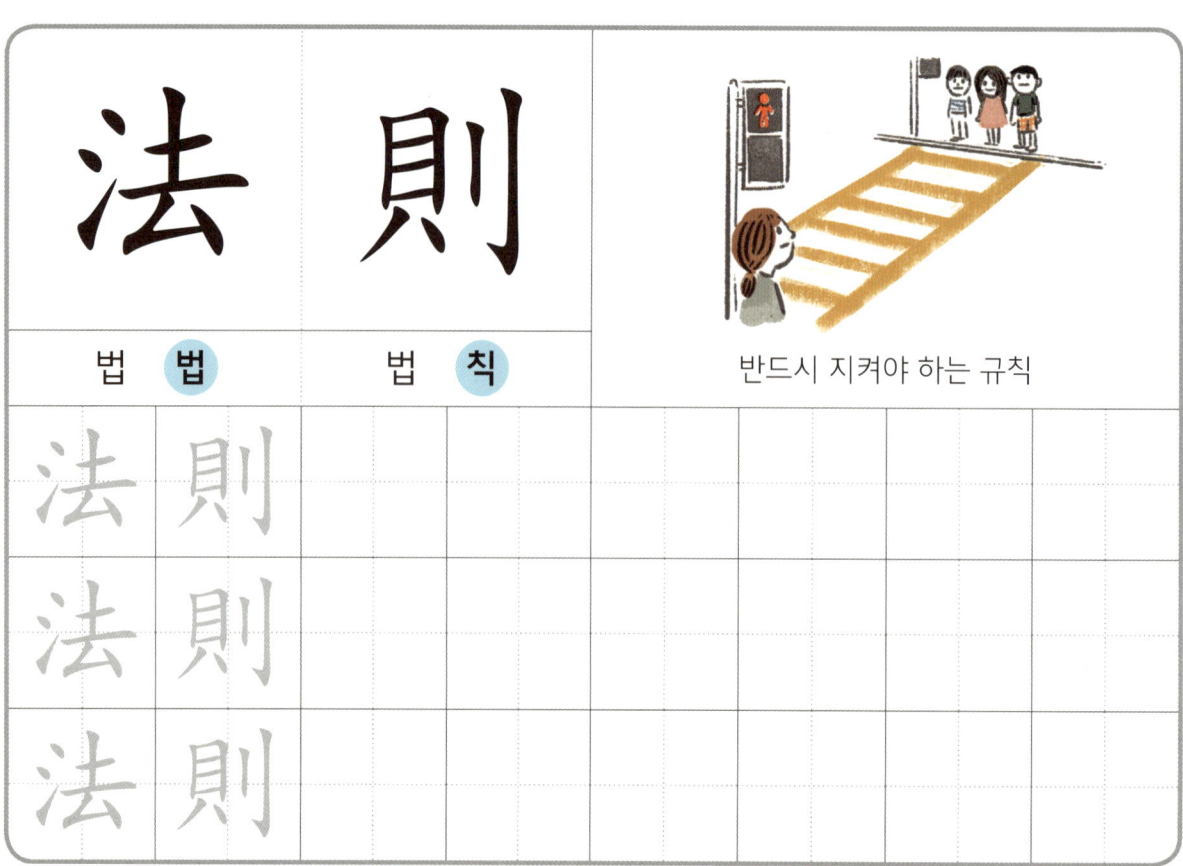

반드시 지켜야 하는 규칙

法則
法則
法則

議論

의논할 **의**　　의논할 **론**

의논 : 어떤 일에 대해 서로 이야기함.

議論
議論
議論

양두구육

羊頭拘肉
양 **양** 머리 **두** 개 **구** 고기 **육**

- 양 머리를 내걸고 실제로는 개고기를 팖.
- 겉으로는 그럴듯하게 내세우나 속은 변변하지 아니함.

4 같은 뜻의 글자로 이루어진 말 Ⅱ

우리가 사는 곳의 시설이나 사회, 문화, 제도를 둘러보면 같은 뜻의 글자가 모여 이루어진 낱말이 많다. 같은 뜻이 모여야 더 완전해질 수 있다고 생각하니 고개가 끄덕여진다. 사람이 걸어 다닐 수 있도록 만든 **도로**(道路), 사람이 많이 모여 사는 **도시**(都市), 도시보다 작은 규모의 **군**과 **읍**[군읍 郡邑]. 이렇게 여러 단위에서 사회를 이룰 때 사람들은 모두가 **평등**(平等)하게 혜택을 누리며, **오래오래**[영구 永久] 행복을 누리며 살아갈 수 있도록 바람직한 방향으로 사회 제도를 **수립**(樹立)해 나간다.

음과 모양이 비슷한 한자 익히기

- 君
  - 君 → 君 임금 군
  - 君 + 羊(양 양) → 群 무리 군
  - 君 + 阝(읍 고을 읍) → 郡 고을 군

- 路
  - 路 → 路 길 로
  - 雨(비 우) + 路 → 露 이슬 로

道路

길 **도**   길 **로**

사람이나 차가 다닐 수 있도록 만든 길

道路
道路
道路

樹立

세울 **수**   설 **립**

국가·정부·제도·계획 등을 이룩하여 세움.

樹立
樹立
樹立

4 같은 뜻의 글자로 이루어진 말 Ⅱ

都 市

도읍 **도**   시장 **시**

규모가 크고 사람이 많이 모여 사는 곳

郡 邑

고을 **군**   고을 **읍**

우리나라 행정 구역의 하나. 군과 읍

永久

길 영   오랠 구

길고 오래됨. 어떤 상태가 시간상으로 끝없이 이어짐.

禁止

금할 금   그칠 지

하지 못하게 함.

④ 같은 뜻의 글자로 이루어진 말 Ⅱ

平等

평평할 **평**   같을 **등**

차별 없이 모두가 다 고르고 한결같음.

恩惠

은혜 **은**   은혜 **혜**

고맙게 베풀어 주는 혜택.
자연이나 남에게 받는 고마운 혜택

명경지수

明 鏡 止 水
밝을 명 거울 경 그칠 지 물 수

- 맑은 거울과 고요한 물
- 맑고 고요한 마음을 이르는 말

❹ 같은 뜻의 글자로 이루어진 말 Ⅱ

5 뜻이 반대되는 말

서로 뜻이 반대되는 낱말들을 알면 우리 삶의 여러 모습을 알게 되고, 생각의 폭도 두 배 이상으로 넓어진다. 수입과 지출이라는 반대되는 말을 통해 한 가정, 사회, 국가 등의 경제 활동을 알아 가게 되며, 지출의 또 다른 반대말은 저축일 수 있다는 것도 알게 된다. **개인**(個人)과 **단체**(團體)라는 반대되는 말을 배우면서 단체와 사회는 어떻게 다른가 곰곰 생각하게 된다. 물질과 정신, 몸과 정신이 무 쪼개듯 나눠지는 것인가 물음을 던지기도 하고, 누군가를 이기는 승리가 꼭 위대한 것인지, 아름다운 패배란 무엇인지도 생각해 본다. 이처럼 뜻이 반대되는 말을 찾다 보면 더 큰 세계를 알게 되고, 더 많은 의문도 품게 된다.

음과 모양이 비슷한 한자 익히기

- 貝 ┬ 貝 → 貝 조개 **패**
  └ 貝 + 攵(攴 칠 복) → 敗 패할 **패**

- 人 사람 **인**
  入 들 **입**
  八 여덟 **팔**

- 水 물 **수**
  永 길 **영**
  氷 얼음 **빙**

- 力 힘 **력**
  刀 칼 **도**
  九 아홉 **구**

收入

거둘 **수**   들 **입**

돈이나 물품 따위를 거두어들임.

支出

줄 **지**   날 **출**

어떤 목적을 위해 돈을 치르는 일

個人

낱 개   사람 인

나라나 사회를 이루고 있는 하나하나의 사람

個人
個人
個人

團體

모일 단   몸 체

같은 목적을 이루려고 모인 모임

團體
團體
團體

物 質

물건 **물** / 바탕 **질**

물건을 이루는 본바탕

精 神

혼·마음 **정** / 정신 **신**

육체나 물질에 대립되는 영혼이나 마음

5 뜻이 반대되는 말

勝利

이길 승　　이길 리

싸움이나 경기 등에서 이김.

勝利
勝利
勝利

敗北

패할 패　　패할 배

싸움이나 경기 등에서 짐
(北:북녘 북으로도 쓰임).

敗北
敗北
敗北

개과천선

改過遷善
고칠 개 지날 과 바뀔 천 착할 선

○ 과거의 잘못을 뉘우치고 착한 사람이 되다.

5 뜻이 반대되는 말

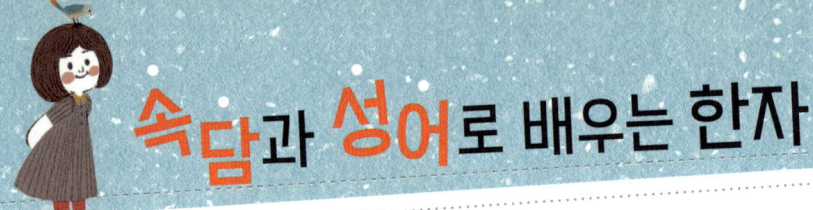

속담과 성어로 배우는 한자

- ## 꿩 먹고 알 먹는다

  一石二鳥 일석이조 | 一 한 일, 石 돌 석, 二 두 이, 鳥 새 조

  뜻 한 개의 돌로 두 마리의 새를 잡는다.
  한꺼번에 송두리째 모든 이익을 본다.

  예문 엄마를 도와 집 안 청소를 하면서 폐휴지, 깡통 등 재활용품을 따로 모았다.
  집도 깨끗해지고, 환경 보호에도 도움이 된 것 같다. **일석이조**의 효과를 거두었다.

- ## 까마귀 날자 배 떨어진다

  烏飛梨落 오비이락 | 烏 까마귀 오, 飛 날 비, 梨 배 리, 落 떨어질 락

  뜻 까마귀 날자 배 떨어진다.
  우연의 일치로 억울하게 의심을 받는다.

  예문 내가 현관을 지나갈 때 현관 난간에 놓여 있던 화분이 바닥으로 떨어져 깨져 버렸다.
  오비이락이라고 하필 내가 지날 때 떨어져서 공연히 의심을 받게 되었다.

- ## 내 코가 석 자다

  吾鼻三尺 오비삼척 | 吾 나 오, 鼻 코 비, 三 셋 삼, 尺 자 척

  뜻 내 코가 석자다(콧물이 석 자나 흘러내림).
  내 사정이 다급해서 남을 돌볼 여유가 없다.

  예문 개학 날이 다가오자 다급해진 동생이 방학 숙제를 도와 달라고 조르지만, **오비삼척**이라고
  내 숙제도 밀려 있어서 동생을 도와줄 겨를이 없다.

○ 다음 낱말 잇기의 빈 칸을 한자로 채워 봅시다.

• 세로 열쇠 •

2. 인도(사람으로서 마땅히 지켜야 할 도리, 사람이 다니는 길)
4. 타국(남의 나라)
7. 노상(길가)
9. 법칙(반드시 지켜야 하는 규칙)
10. 도시(규모가 크고 사람이 많이 모여 사는 곳)
12. 하류(강이나 내의 흘러내리는 아래쪽)
13. 사제 간(스승과 제자 사이)
15. 내외(안과 밖, 남편과 아내)
17. 행동(몸을 움직여서 하는 동작)
20. 수립(국가·정부·제도·계획 등을 이룩하여 세움)
21. 거대(매우 큼)
22. 출입문(들어오고 나가는 문)
24. 춘분(태양이 적도 위를 직각으로 비추는 날로 3월 21일경, 밤낮의 길이가 거의 같다)
25. 길흉(길함과 흉함)

• 가로 열쇠 •

1. 개인(나라나 사회를 이루고 있는 하나하나의 사람) 3. 자타(나와 남)
5. 신체(사람의 몸) 6. 도로(길, 사람이나 차가 다닐 수 있도록 만든 길)
8. 국법(나라의 모든 법) 11. 상하(위아래) 14. 시내(도시의 안쪽)
16. 유행(옷·모습·생각 따위가 잠시 세상에 널리 퍼져 행하여짐) 18. 형제(형과 아우)
19. 동물(스스로 움직이고 감각 기능을 갖춘 생물로 식물과 구분하여 이르는 말)
23. 입춘대길(입춘을 맞이하여 길운을 기원하는 글)
26. 수입(돈이나 물품 따위를 거두어들임) 27. 흉년(농사가 잘되지 못한 해)
28. 문전(문 앞)

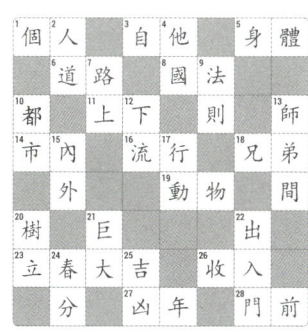

6 물과 힘에 관련된 말

물 한 방울 한 방울이 모여 한 곳에 고이면 연못이 되고 **호수**(湖水)가 된다. 시냇물이 되어 흐르면 **강**[하천 河川]이 되고, **바다**[해 海]가 된다. 강, 하천, 바다, 호수, 어촌, 수심……. 물과 관련된 말들을 가만히 들여다보면 그 글자와 낱말에 **물**[수 水]을 품고 있다. 힘을 써서 무엇인가를 한다는 뜻을 지닌 말에는 **힘 력**(力) 자가 있다. 힘들여 일해서 뭔가를 이룰 때 **공로**(功勞)가 크다고 하는데, 각각의 글자에 '力'이 있다. 힘을 모아 서로 돕는 **협조**(協助), 씩씩하게 힘을 내는 **용감**(勇敢), 부지런하게 힘을 써 일하는 **근면**(勤勉), 모두 **힘 력**(力) 자가 들어 있다. 숨은 그림을 찾아내듯, 사람과 관련된 글자에서 **사람 인**(人)을, 나무와 관련된 글자에서 **나무 목**(木)을 찾아보자. 이처럼 한자는 뜻이 뜻을 품고 수많은 글자를 만들어 낸다.

물과 관련된 한자 익히기 (氵·水 : 물 수)

河 물 하   湖 호수 호   漁 고기 잡을 어   深 깊을 심

힘과 관련된 한자 익히기 (力 : 힘 력)

功 공로 공   勞 일할 로   協 화합할 협   勇 용감할 용
勤 부지런할 근   勉 힘쓸 면   助 도울 조

河川

물 **하** / 시내 **천**

시내·강

河川
河川
河川

湖水

호수 **호** / 물 **수**

땅이 넓게 패어 물이 괸 곳

湖水
湖水
湖水

6 물과 힘에 관련된 말

漁村

고기 잡을 **어** / 마을 **촌**

바닷가에서 어업을 주로 하는 사람들이 모여 사는 마을

水深

물 **수** / 깊을 **심**

물의 깊이

功 勞

공로 **공**　　일할 **로**

일을 마치거나 목적을 이루는 데 들인 노력과 수고

協 助

화합할 **협**　　도울 **조**

힘을 모아 서로 도움.

勇敢

용감할 **용** | 굳셀 **감**

용기가 있으며 씩씩하고 기운참.

勤勉

부지런할 **근** | 힘쓸 **면**

부지런히 일하며 힘씀.

철면피

鐵 面 皮
쇠 철 · 얼굴 면 · 가죽 피

- 쇠처럼 두꺼운 얼굴 가죽
- 뻔뻔스럽고 염치를 모르는 사람을 이르는 말

7 집과 재물에 관련된 말

먼 옛날 원시인들의 집은 움집이었다. 땅을 파서 바닥을 다지고 기둥을 세우고 그 위에 풀이나 짚을 얹은 단순한 모양이었다. **집 면**(宀)의 모양이 바로 그것이다. 또 옛사람들은 **조가비**[패 貝]를 돈처럼 사용하기도 했다. 집을 뜻하는 글자와 낱말에서 발견할 수 있는 글자는 **집 면**(宀)이다. 학생들이 수업을 하는 **교실**(敎室), 사람이 사는 **주택**(住宅)이나 **가옥**(家屋), 왕이 살던 **고궁**(古宮)……. 이처럼 **집 실**(室), **집 택**(宅), **집 가**(家), **궁궐 궁**(宮) 위에 살포시 놓인 '宀'. 옛날 돈인 **조가비**[패 貝]는 또 어디에 자리 잡고 있을까? **재화**(財貨), **재물**(財物), **재산**(財産), **자본**(資本) 등의 말에, 물건을 **팔고 산다**[매매 賣買]는 뜻이 담긴 말에, 상·상금·상장 등에 쓰인 **상**(賞)에 '貝'가 들어 있다.

집과 관련된 한자 익히기

室 집 실   家 집 가   宙 집 주
宅 집 택   宇 집 우

재물과 관련된 한자 익히기 (貝: 조개 패 – 옛날에 화폐로 쓰임)

財 재물 재   貨 재화 화   賣 팔 매
買 살 매   賞 상줄 상   資 재물 자

教室

가르칠 교　집 실

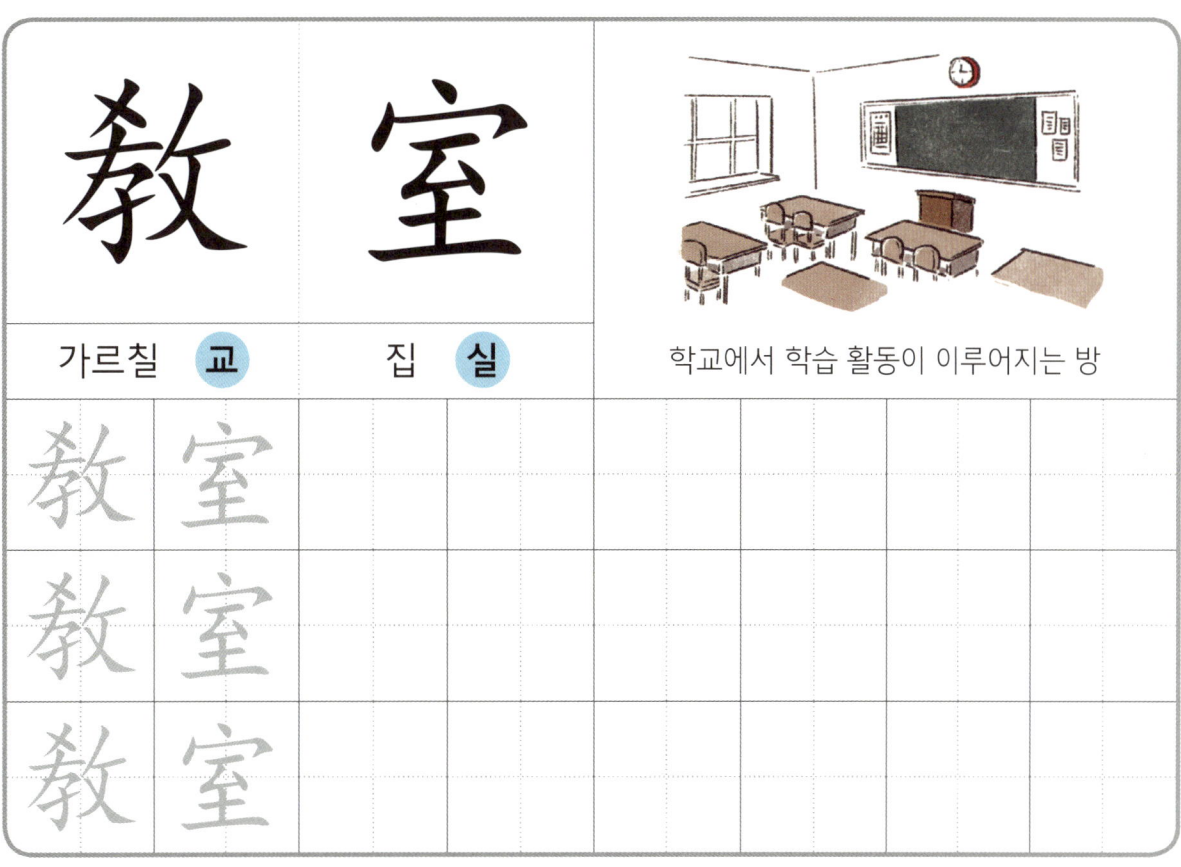

학교에서 학습 활동이 이루어지는 방

住宅

살 주　집 택

사람이 사는 집

7 집과 재물에 관련된 말

家 屋

집 가　　집 옥

사람이 사는 집

古 宮

옛 고　　궁궐 궁

옛 궁궐

財貨

재물 **재** / 재화 **화**

재물·돈이나 값나가는 물건

財貨
財貨
財貨

賣買

팔 **매** / 살 **매**

물건을 팔고 사는 일

賣買
賣買
賣買

7 집과 재물에 관련된 말

賞金

상줄 **상** / 돈 **금**

선행이나 업적을 격려하기 위해 주는 돈

資本

재물 **자** / 근본 **본**

영업을 하는 데 기본이 되는 돈, 밑천

화룡점정

畫 龍 點 睛
그림 화　용 룡　점 점　눈동자 정

- 용을 그리고 눈동자에 점을 찍다.
- 무슨 일을 하는 데 가장 중요한 부분을 완성시킴을 이르는 말

7 집과 재물에 관련된 말

8 '기(己)'와 '고(古)' 음이 있는 말

한자 중에는 그 한자의 음이 글자 안에 담겨 있는 것들이 있다. **몸 기**(己)가 들어간 한자들을 보면, 그 소리가 '기'인 것이 많다. **기록할 기**(記)는 글로 적거나 외운다는 뜻이다. '말을 나의 머릿속에 보관'하거나 '내가 적는다.'는 뜻과 함께 그 소리도 헤아려 볼 수 있다. 여러 세대에 걸쳐 입으로 전해져 왔다는 뜻을 담고 있는 **옛 고**(古) 자가 다른 뜻과 합해져 글자를 만들 때, 뜻을 그대로 담으면서 '고' 소리를 내는가 하면, 뜻과 상관없이 '고' 소리를 내기도 한다.

음과 모양이 비슷한 한자 익히기

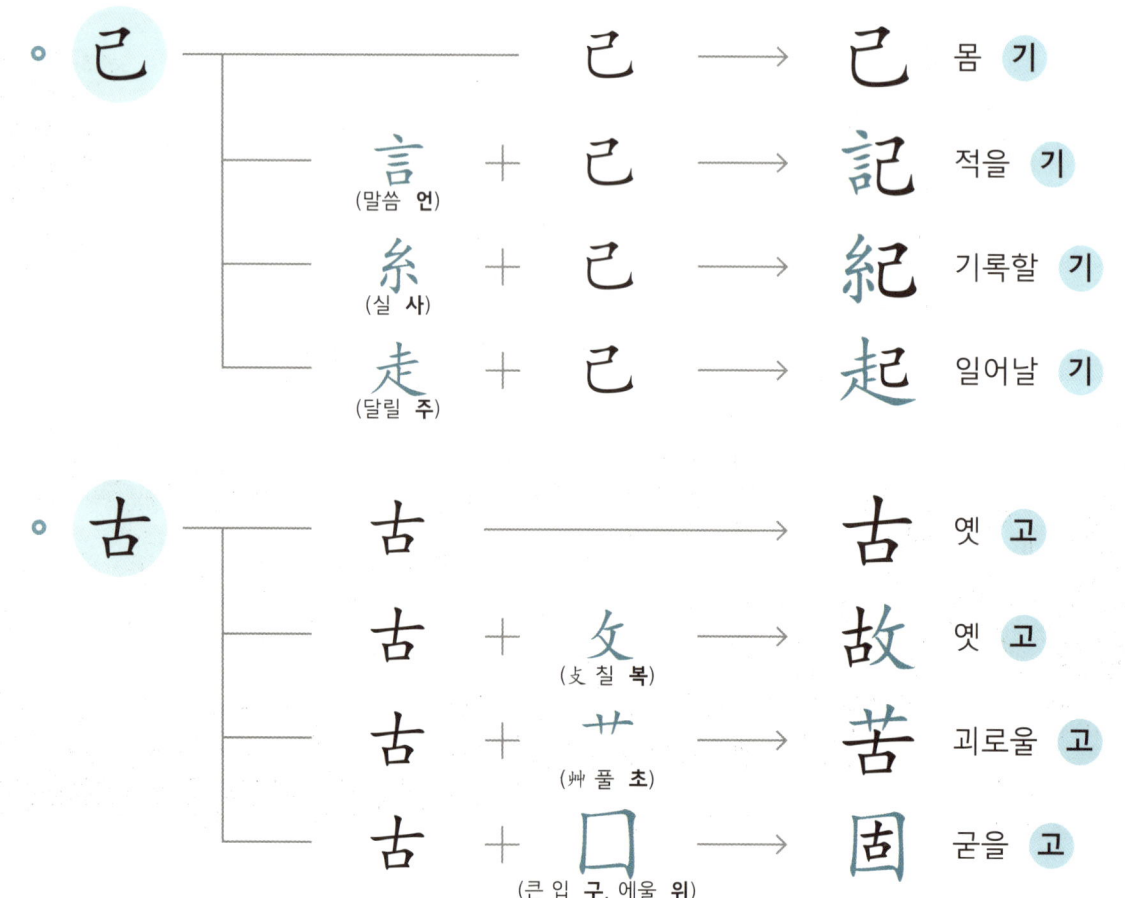

利 己

이로울 **리**   자기 **기**

자기의 이익만을 꾀하는 일

利 己
利 己
利 己

日 記

날 **일**   적을 **기**

날마다 겪은 일이나 생각·느낌 등을 적은 글

日 記
日 記
日 記

起動

일어날 기　움직일 동

몸을 일으켜 움직임

紀行

기록할 기　다닐 행

여행하는 동안에 보고, 듣고, 느끼고, 겪은 일을 적은 것

古 代

| 옛 **고** | 시대 **대** |

옛날 오래전의 시대

故 鄕

| 옛 **고** | 시골 **향** |

자기가 태어나 자란 곳

苦 樂

괴로울 **고**　　즐거울 **락**

괴로움과 즐거움

堅 固

굳을 **견**　　굳을 **고**

굳고 단단함

백아절현

伯 牙 絶 絃
맏 **백**   어금니 **아**   끊을 **절**   줄 **현**

- 백아(사람 이름)가 거문고의 줄을 끊는다.
- 자기를 잘 알아주는 친구를 뜻함.

9 '공(工)'과 '방(方)' 음이 있는 말

공(工)을 글자 속에서 찾는다면, 그 글자는 '공'으로 발음하거나 그와 비슷한 소리를 가진다. 또한 뭔가 만들거나 일하거나 이룬다는 뜻을 가질 때도 많다. **공기**(空氣)의 공은 소리만 공일 뿐 뜻은 전혀 동떨어진 것 아닐까 싶지만, 그렇지 않다. **움집**[면]을 만들 때 구덩이 파는 일을 하면 그곳이 비어 있게 되니, 일한다는 의미가 살아 있는 셈이다. **방**(方)을 담고 있는 글자나 낱말에서도 그 소리는 어떤지, 방향이나 방법 등의 의미가 살아 있는지 곰곰 따져 보자. 이렇게 우리의 생각은 꼬리에 꼬리를 물고 이어질 것이다.

음과 모양이 비슷한 한자 익히기

- 工
  - 工 → 工 장인 **공**
  - 工 + 力 (힘 력) → 功 공로 **공**
  - 工 + 穴 (구멍 혈) → 空 빌 **공**
  - 工 + 攵 (칠 복) → 攻 칠 **공**

- 方
  - 方 → 方 방향 **방**
  - 阝(우 언덕 부) + 方 → 防 막을 **방**
  - 言(말씀 언) + 方 → 訪 찾을 **방**
  - 方 + 攵 (칠 복) → 放 놓을 **방**

工夫

장인 공 / 사내 부

학문이나 기술을 배우고 익힘.

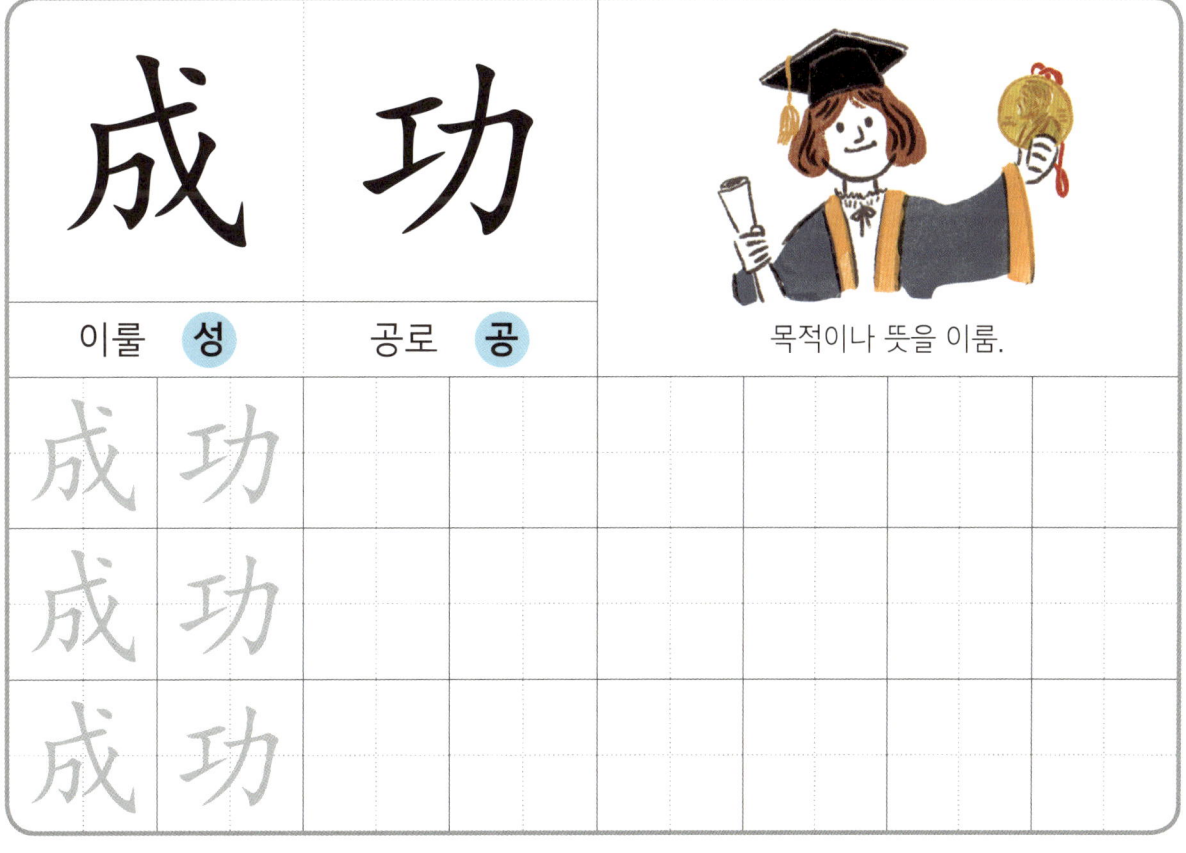

成功

이룰 성 / 공로 공

목적이나 뜻을 이룸.

9 '공(工)'과 '방(方)' 음이 있는 말

空氣

빌 공 / 기운 기

지구를 둘러싸고 있는, 빛깔이나 냄새가 없는 기체

攻擊

칠 공 / 칠 격

나아가 적을 침.

四 方

넷 사　　방향 방

네 방위, 여러 방면, 동서남북

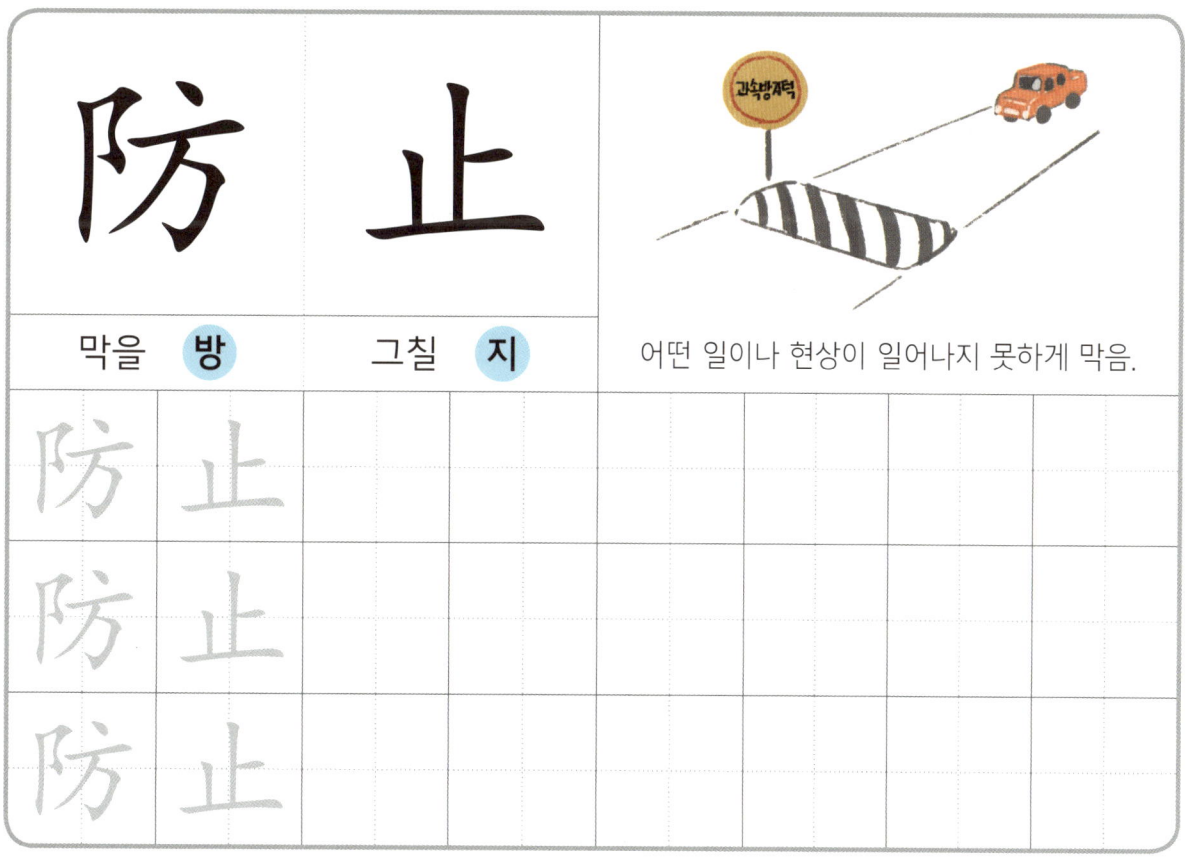

防 止

막을 방　　그칠 지

어떤 일이나 현상이 일어나지 못하게 막음.

訪 問

찾을 방　물을 문

어떤 사람이나 장소를 찾아가서 만남.

放 學

놓을 방　배울 학

일정 기간 동안 수업을 쉬는 일

지록위마

指 鹿 爲 馬
가리킬 지 　사슴 록 　할 위 　말 마

- 사슴을 가리켜 말이라고 한다.
- 윗사람을 농락하여 권세를 마음대로 휘두르는 것을 뜻함.

10 '성(成)'과 '청(靑)' 음이 있는 말

이제 우리는 여러 가지 한자의 소리와 뜻을 짐작할 수 있게 되었다. 어느 정도 **성장(成長)**한 셈이다. **이룰 성(成)**과 **푸를 청(靑)**이 포함된 글자와 낱말들을 익히면서 지금까지 한자 공부를 해 온 방식을 적용해 보자.

'**성장(成長)**은 뭔가를 이루면서 점점 자란다는 뜻이군.' '**성행(盛行)**의 **성(盛)**에는 **이룰 성(成)**이 있어서 소리가 성이겠네. 그런데 **그릇**[명 皿] 위에 이뤘다는 것은 음식이 매우 풍성하다는 뜻일 거야. 그럼 성행은 매우 왕성하게 행해진다는 뜻이지.'
'**푸를 청(靑)**이 들어간 글자는 푸른 나무처럼 젊고, 맑고, 깨끗하다는 뜻이 담겼거나 청 또는 청과 비슷한 소리를 지닐 거야.'

음과 모양이 비슷한 한자 익히기

- 成
  - 成 → 成 이룰 성
  - 土(흙 토) + 成 → 城 성곽 성
  - 言(말씀 언) + 成 → 誠 정성 성
  - 皿(그릇 명) + 成 → 盛 성할 성

- 靑
  - 靑 → 靑 푸를 청
  - 言(말씀 언) + 靑 → 請 청할 청
  - 日(해 일) + 靑 → 晴 갤 청
  - 氵(물 수) + 靑 → 淸 맑을 청

成 長

이룰 성 | 자랄 장

생물이 자라서 점점 커짐 또는 성숙해짐.

盛 行

성할 성 | 행할 행

매우 성하게 유행함.

山城

뫼 **산** / 성곽 **성**

적을 막기 위해 산 위에 높이 쌓은 큰 담

精誠

정할 **정** / 정성 **성**

온갖 힘을 다하려는 참되고 성실한 마음

青春

푸를·젊을 **청**　봄·젊은 때 **춘**

한창 젊을 때, 스무 살 전후의 젊은이

請求

청할 **청**　구할 **구**

남에게 돈이나 물건 따위를 달라고 요구함.

快 晴

상쾌할 쾌   **갤 청**

하늘이 구름 한 점 없이 상쾌하도록 맑음.

快 晴
快 晴
快 晴

清 淨

맑을 청   **깨끗할 정**

맑고 깨끗함.

清 淨
清 淨
清 淨

낭중지추

囊中之錐
주머니 **낭**　가운데 **중**　어조사 **지**　송곳 **추**

- 주머니 속의 송곳
- 유능한 사람은 숨어 있어도 자연히 그 존재가 드러나게 됨.

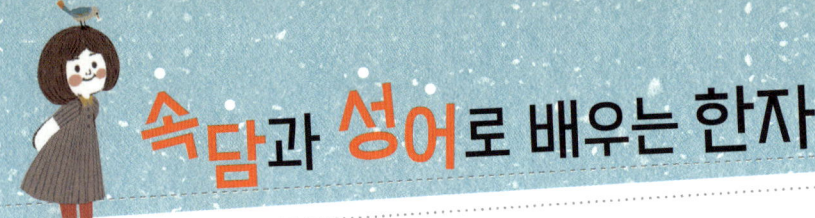
속담과 성어로 배우는 한자

○ **등잔 밑이 어둡다**

燈下不明 등하불명 | 燈 등잔 등, 下 아래 하, 不 아닐 불, 明 밝을 명

뜻 등잔 밑이 밝지 않다.
가까이에서 생긴 일을 오히려 잘 모른다.

예문 **등하불명**이라고, 책상 위에 지우개를 두고서 엉뚱하게 서랍과 책가방에서만 계속 찾았다.

○ **낫 놓고 기역자도 모른다**

目不識丁 목불식정 | 目 눈 목, 不 아니 불, 識 알 식, 丁 고무래 정

뜻 고무래(아궁이에서 재를 끌어내는 데 쓰는 T자 모양의 도구)를 보고도 'T'자를 알지 못한다.
매우 무식하다.

예문 학교 문턱에도 가 보지 못하신 할머니께서 노인 대학에 다니며 한글을 깨우치셔 **목불식정**의 지경은 겨우 면하셨다.

○ **쇠귀에 경 읽기**

牛耳讀經 우이독경 | 牛 소 우, 耳 귀 이, 讀 읽을 독, 經 경서 경

뜻 소의 귀에 불경을 읊는다.
아무리 가르치고 일러 주어도 알아듣지 못한다.

예문 소풍을 갔던 자리에 버려져 있는 쓰레기를 보니까 내가 공부 시간에 이야기했던 환경 오염의 심각성이 학생들 귀에 **우이독경**이었음을 깨닫지 않을 수 없었다.

다음 낱말 잇기의 빈 칸을 한자로 채워 봅시다.

• 세로 열쇠 •

2. 성공(목적이나 뜻을 이룸)
4. 행인(길을 가는 사람)
5. 목공(나무를 재료로 여러 가지 물건을 만드는 일)
7. 노동(정신이나 몸의 힘을 써서 일함)
8. 가입(단체에 들어감. 이미 있는 것에 새로 더 넣음)
9. 교실(학교에서 학생들이 수업을 하는 방)
11. 물질(물건을 이루는 본바탕)
12. 기사(신문이나 잡지에 실린 글)
14. 외지(자기 고장 또는 고향이 아닌 땅)
15. 초가(볏짚·밀짚·갈대 따위로 지붕을 인 집)
17. 방법(어떤 목적을 이루기 위해 하는 일)
18. 유리(이익이 있음)
19. 인심(사람의 마음)
20. 고국(조상 때부터 살던 나라)
23. 방지(막아서 그치게 함)
24. 정성(참되고 성실한 마음)
25. 고학(학비를 제 힘으로 벌어 가며 고생하며 배움)

• 가로 열쇠 •

1. 완성(본래의 계획대로 모자람이 없이 다 이룸)
3. 기행문(여행하며 보고 듣고 느낀 일을 자기 생각대로 적은 글)
6. 공로(일에 애쓴 공적)
8. 가공(원료나 덜 된 물건에 손질을 더하여 새로운 물건을 만듦)
10. 동물(스스로 움직이고 감각 기능을 갖춘 생물로 식물과 구분하여 이르는 말)
12. 기입(적어 넣음)   13. 실외(방의 밖)
16. 지방(나라 안의 어떤 넓은 지역, 서울 밖의 시골)
19. 인가(사람이 사는 집)   21. 이기심(자기의 이익만을 꾀하는 마음)
22. 국방(외적으로부터 나라를 지킴)   26. 성실(거짓이 없고 정성스러움)
27. 방학(학교에서 학기가 끝난 뒤 또는 더위와 추위를 피하여 얼마 동안 수업을 쉬는 일)

11 학문과 관련된 말

학문(學問)이란 어떤 분야를 잘 배워 익히는 것을 말한다. 즉 공부인 셈이다. 이 말에는 공부의 진정한 의미가 담겨 있다. 배우고 묻는 것, 묻고 배우는 것이 바로 공부이다. 사람이 어떤 존재인지를 묻고 글을 통해 인간의 사상과 감정을 배우며, 자연의 이치와 숫자와 공간의 세계를 배우기도 한다. 인간이 살아온 발자취를 돌아보며 더 나은 삶이 어떤 것인지를 묻기도 한다. 다양한 학문 분야에서 실력을 쌓아 '공부해서 남 준다.'는 말처럼 많은 사람을 위해 자기 **재능**(才能)과 **소질**(素質)을 발휘하는 진정한 **인재**(人才)야말로 '왜 공부를 해야 하는가?'라는 물음에 제대로 답하는 사람이다.

음과 모양이 비슷한 한자 익히기

- 才 ─┬─ 才 → 才 재주 **재**
      ├─ 木(나무 목) + 才 → 材 재목 **재**
      └─ 貝(조개 패) + 才 → 財 재물 **재**

- 九 ─┬─ 九 → 九 아홉 **구**
      └─ 穴(구멍 혈) + 九 → 究 궁구할 **구**

學問

배울 **학** / 물을 **문**

배우고 익힌 지식, 계통을 세워서 정리한 지식

文學

글 **문** / 배울 **학**

인간의 사상, 감정 등을 말과 글로써 나타낸 것

科學

과정 **과**   배울 **학**

자연의 이치를 연구하는 학문

歷史

지낼 **력**   역사 **사**

역사 : 인류 사회의 변천과 흥망의 과정 또는 그 기록

人材

| 사람 **인** | 재목 **재** |

어떤 일을 할 수 있는 학식이나 능력을 갖춘 사람

才能

| 재주 **재** | 능할 **능** |

재주와 능력

研究

갈 **연** / 궁구할 **구**

어떠한 사물에 대하여 깊이 캐고 생각함.

素質

바탕 **소** / 바탕 **질**

본디부터 가지고 있는 성질, 바탕

12 운동과 관련된 말

우리는 자신의 건강을 위해 **운동**(運動)하지만, **경쟁**(競爭)을 통한 즐거움을 누리고 **협동**(協同)과 **화합**(和合)의 아름다움을 배우기 위해 운동하기도 한다. 고대 그리스 시대에도 **체력**(體力)이 뛰어난 사람을 가려 뽑기 위한 운동 경기가 있었는데, 그 당시의 벽화에 축구하는 사람들의 모습이 새겨져 있다. 우리나라에도 오랜 옛날부터 택견, 씨름 등의 운동 종목이 있었다. 운동은 자신의 몸과 마음을 닦는 수련이기도 하다. 운동 경기의 **규칙**(規則)을 지키면서 **최선**(最善)을 다해 자신의 능력을 발휘하는 과정에서 나약함을 이겨 내는 **극기**(克己)의 자세를 기른다. 운동을 통해 정당함이 무엇인지 배우고, 그것을 따르는 올바른 정신이 세워지기도 한다.

음과 모양이 비슷한 한자 익히기

- 重
  - 重 → 重 무거울 중
  - 重 + 力(힘 력) → 動 움직일 동
  - 禾(벼 화) + 重 → 種 심을 종

- 同
  - 同 → 同 같을 동
  - 氵(水 물 수) + 同 → 洞 마을 동

運 動

움직일 **운**   움직일 **동**

몸을 움직이는 일. 여러 가지 경기. 어떤 목적을 이루기 위하여 힘씀.

體 力

몸 **체**   힘 **력**

몸의 힘, 몸의 작업 능력

規 則

법 규 | 법 칙

여러 사람이 지키기로 정해 놓은 약속

規 則
規 則
規 則

克 己

이길 극 | 자기 기

자기의 욕심, 충동 등을 눌러 이김.

克 己
克 己
克 己

競爭

다툴 **경** / 다툴 **쟁**

서로 겨루어 다툼.

最善

가장 **최** / 착할·좋을 **선**

가장 좋거나 훌륭한 것

和 合

화할 **화** | 합할 **합**

화목하게 어울림.

協 同

화합할 **협** | 같을 **동**

서로 마음과 힘을 합함.

당랑거철

螳螂拒轍
사마귀 **당** 사마귀 **랑** 막을 **거** 수레바퀴 **철**

- 사마귀가 앞발을 들어 수레를 막는다.
- 제 분수도 모르고 강한 적에 함부로 덤벼듦을 비유한 말

12 운동과 관련된 말

13 여행과 관련된 말

나그네처럼 다른 고장이나 먼 **다른 나라**[이국 異國]를 다닌다는 뜻이 담겨 있는 **여행**(旅行). 그래서인지 누군가는 '여행은 돌아오기 위해서 떠나는 것'이라고 했다. 어떤 곳을 여행하면 좋을까? 어떤 여행이 멋진 여행일까? 여행사 직원의 **안내**(案內)에 따라 **관광지**(觀光地)로 널리 알려진 **명소**(名所)를 찾아다니는 것일까, 내 손에 **지도**(地圖)와 카메라를 들고 **산을 오르며**[등산 登山] 멋진 **경치**(景致)를 감상하는 것일까? 어떤 여행이든, 그곳의 삶과 역사와 사람들을 찬찬히 바라보며 배우고, 생각하고, 느낄 때 값진 여행이 될 것 같다.

음과 모양이 비슷한 한자 익히기

- 安 ┬ 安 → 安 편안 **안**
  └ 安 + 木(나무 목) → 案 책상·인도할 **안**

- 京 ┬ 京 → 京 서울 **경**
  └ 日(해 일) + 京 → 景 경치 **경**

旅 行

나그네 **려**　　행할 **행**

여행 : 볼일이나 구경 다닐 목적으로 다른 고장이나 외국에 가는 일

案 內

인도할 **안**　　안 **내**

어떤 내용을 소개하여 알려줌.

13 여행과 관련된 말

景致

경치 경 / 경치 치

산, 물 따위의 자연의 아름다운 모양

名所

이름 명 / 곳 소

경치나 고적 등으로 이름난 곳

觀 光

볼 **관** 경치 **광**

다른 고장이나 나라의 경치, 풍습 등을 구경함.

登 山

오를 **등** 뫼 **산**

산에 오름.

13 여행과 관련된 말

異國

다를 **이** / 나라 **국**

다른 나라

地圖

땅 **지** / 그림 **도**

지구 표면의 일부 또는 전부를 축척에 따라 평면상에 나타낸 그림

14 방송과 관련된 말

전파(電波)의 힘은 크다. 먼 거리를 가로질러 바로 옆에서 소리를 듣게 하고, 문자를 전송하는가 하면, **화면**(畫面)을 통해 또 다른 세상을 보게 한다. 텔레비전 **방송**(放送)을 **시청**(視聽)하고 라디오 방송을 **청취**(聽取)하면서 지식과 **정보**(情報)를 얻고 즐거움을 누리게 하는 전파 통신은 전화·팩스·**영화**(映畫) 등 여러 **통신**(通信) 수단과 예술 분야에서 사용되고 있다. 이제 전파 망원경 등을 통해 우주를 탐사하는 전파 천문학까지 그 영역을 확대해 가고 있다.

뜻과 모양이 비슷한 한자 익히기

- 書 글 서
  畫 낮 주
  畵 그림 화

- 示 보일 시
  見 볼 견
  視 볼 시

- 雷 천둥 뢰
  電 번개 전

放送

놓을 **방** / 보낼 **송**

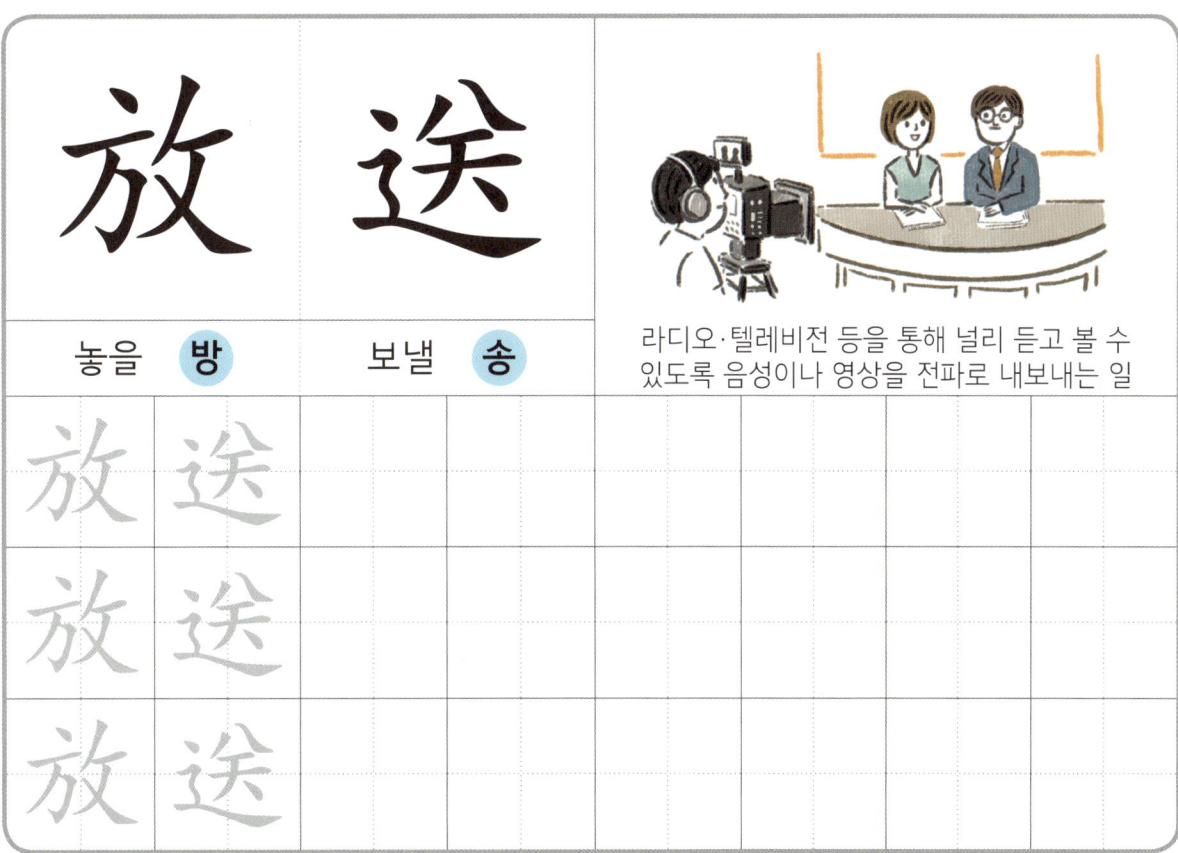

라디오·텔레비전 등을 통해 널리 듣고 볼 수 있도록 음성이나 영상을 전파로 내보내는 일

通信

통할 **통** / 소식 **신**

소식을 전함. 우편·전화 등을 사용해 서로 소식을 전하는 일

14 방송과 관련된 말

視聽

볼 시 / 들을 청

눈으로 보고 귀로 들음.

聽取

들을 청 / 가질 취

방송·보고 등을 잘 들음.

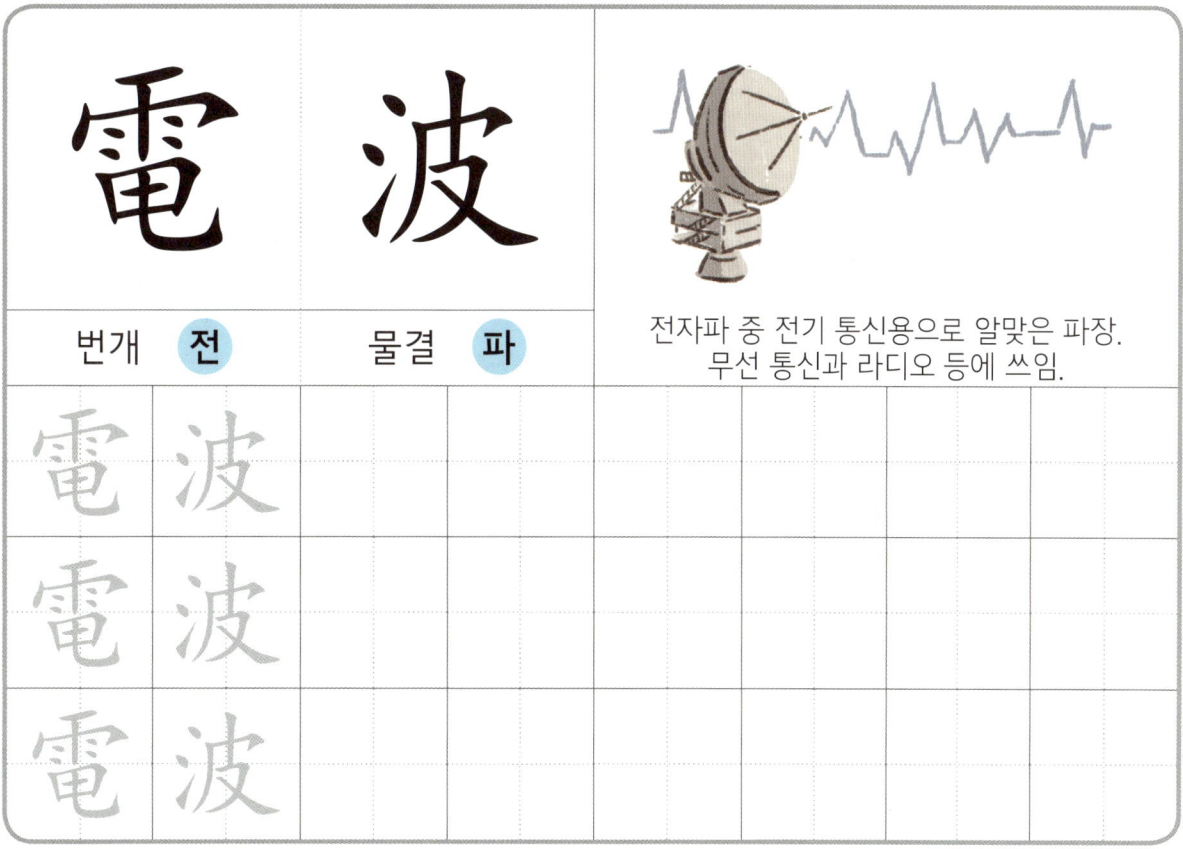

電	波
번개 **전**	물결 **파**

전자파 중 전기 통신용으로 알맞은 파장. 무선 통신과 라디오 등에 쓰임.

情	報
사실 **정**	알릴 **보**

정세에 관한 자세한 소식 또는 그 내용이나 자료

映畫

비칠 **영** / 그림 **화**

일정한 의미를 갖고 움직이는 대상을 촬영하여 영사기로 영사막에 재현하는 종합 예술

畵面

그림 **화** / 겉 **면**

그림 등을 그린 면. 텔레비전이나 컴퓨터 등에서 그림이나 영상이 나타나는 면

15 지구의 특징을 보여 주는 말

우리가 살고 있는 푸른 별 지구는 46억 년 전쯤 이 태양계에 나타났다. 우주에는 수많은 태양계가 있는데 수많은 **천체**(天體)가 태양계를 이룬다. 지구는 **스스로 돌면서**[자전 自轉] **태양 주위를 돈다**[공전 公轉]. 옛사람들은 태양이 지구 주위를 돈다고 생각했고, **육지**(陸地)와 **바다**[해양 海洋]가 평평하게 이어져 있다고 말했다. 과학적 연구를 통해 지구는 둥글며 태양 주위를 도는 별이라고 용기 있게 말한 과학자들은 숱한 시련을 겪어야 했다. 이제 우리는 우주에서 하나의 점으로 빛나는 푸른 별 지구를 바라볼 수 있는 시대에 살고 있다.

음과 모양이 비슷한 한자 익히기

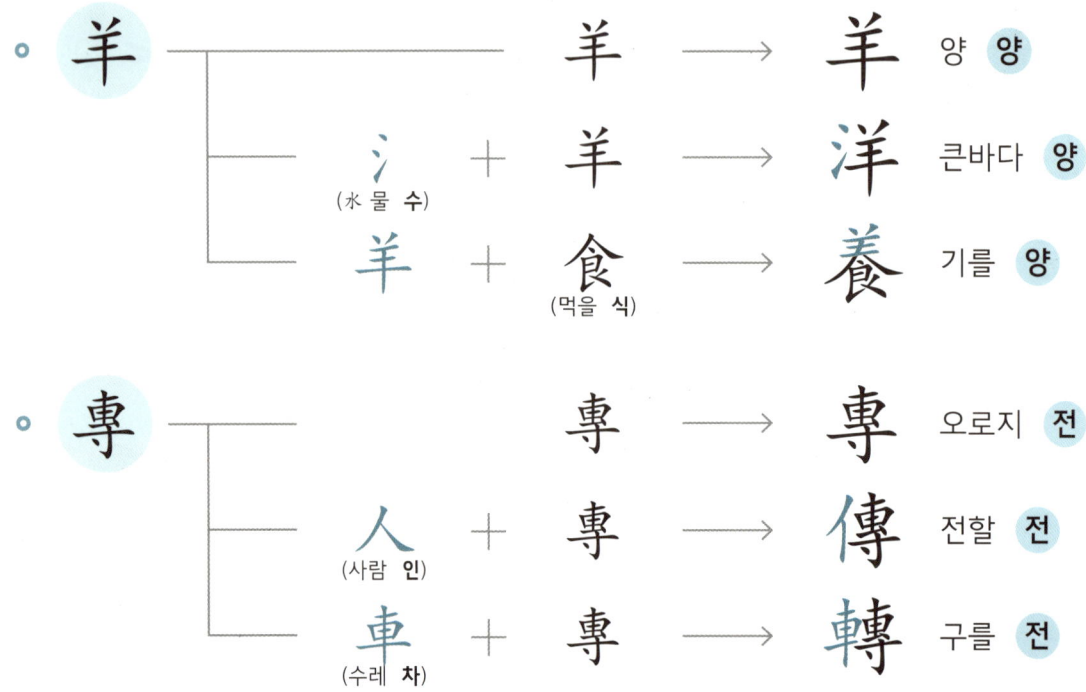

地球

땅 **지** 　 구슬·공 **구**

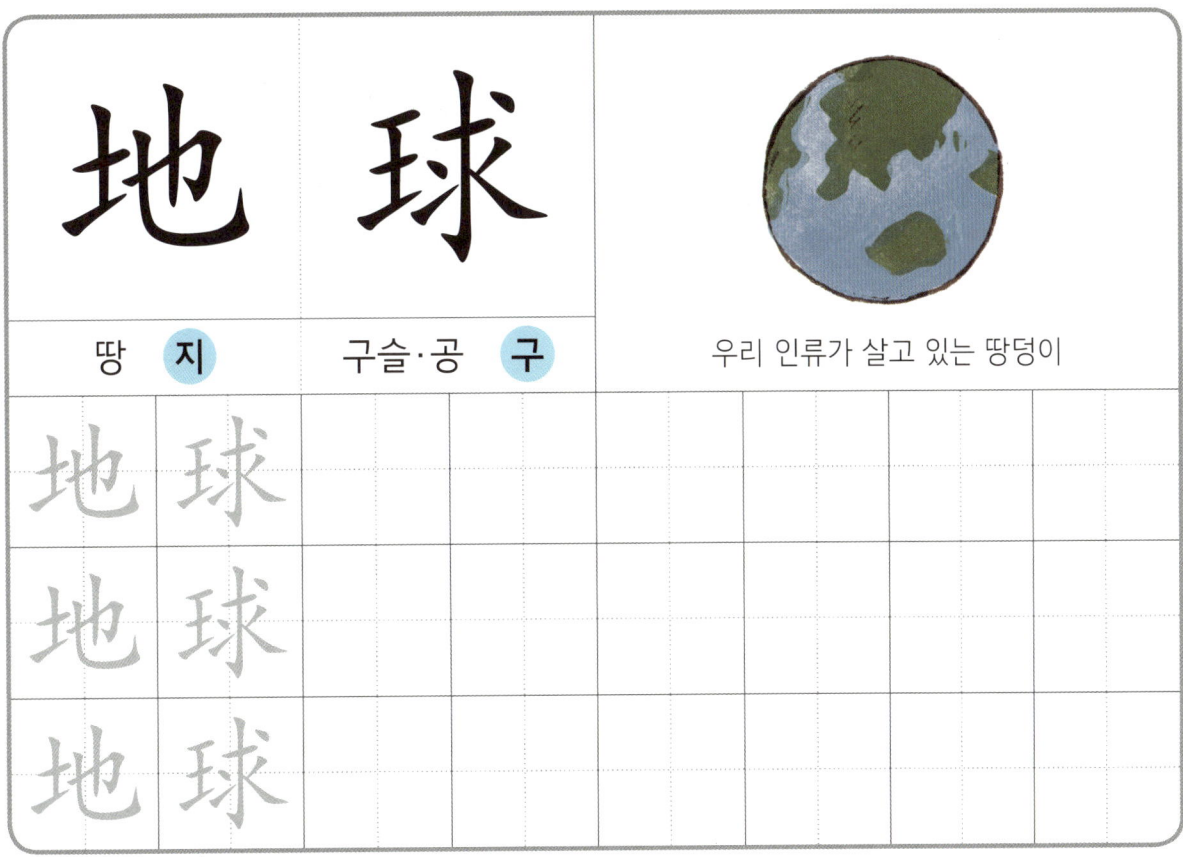

우리 인류가 살고 있는 땅덩이

表面

겉 **표** 　 낯·겉 **면**

사물의 가장 바깥쪽. 겉으로 나타나거나 눈에 띄는 부분

陸 地

뭍 **륙**　　땅 **지**

육지 : 물에 덮이지 않는 땅덩어리

陸	地				
陸	地				
陸	地				

海 洋

바다 **해**　　큰 바다 **양**

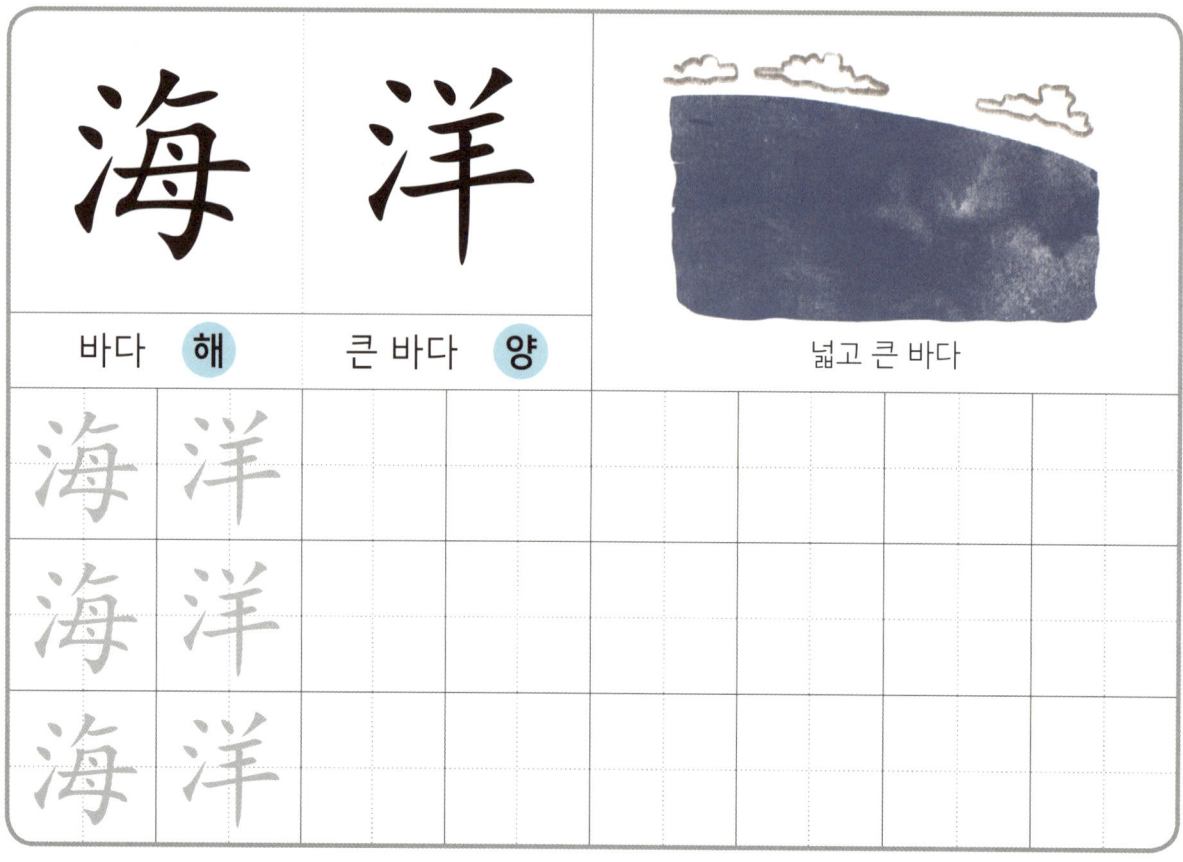

넓고 큰 바다

海	洋				
海	洋				
海	洋				

天體

하늘 **천** / 몸 **체**

우주 공간에 있는 모든 물체. 곧 해·달·지구·별 등 모든 것을 통틀어 일컫는 말

流星

흐를 **류** / 별 **성**

유성 : 우주 공간을 떠돌던 별 부스러기가 지구로 떨어질 때 공기와의 마찰로 타서 밝은 빛을 내는 것. 별똥별

15 지구의 특징을 보여 주는 말

公 轉

공평할 공 / 구를 전

행성이 일정한 주기를 가지고 태양 둘레를 도는 일

自 轉

스스로 자 / 구를 전

천체가 그 몸 자체의 한 직선을 축으로 해서 돌고 있는 일

등용문

登龍門
오를 등 · 용 용 · 문 문

- 용문(지명)을 오른다는 뜻
- 입신출세의 어려운 관문을 이르는 말

속담과 성어로 배우는 한자

◦ 약방에 감초다

藥房甘草 약방감초 | 藥 약 약, 房 방 방, 甘 달 감, 草 풀 초

뜻 약방에 감초다(감초: 감초의 뿌리로 한약의 모든 처방에 널리 쓰임).
어떤 일에든 빠짐없이 늘 낀다.

예문 우리 반 영호는 **약방감초**처럼 반에서 일어나는 모든 말다툼에 끼지 않을 때가 없다.

◦ 우물 안 개구리

坐井觀天 좌정관천 | 坐 앉을 좌, 井 우물 정, 觀 볼 관, 天 하늘 천

뜻 우물에 앉아서 하늘을 본다.
견문이 매우 좁다.

예문 나는 우리 학교에서 피아노를 가장 잘 친다고 늘 칭찬을 받아 우쭐댔었으나, 전국 대회에 나가서는 입상도 못 했다. 그야말로 **좌정관천** 꼴이었다.

◦ 가재는 게 편이다

草綠同色 초록동색 | 草 풀 초, 綠 푸를 록, 同 같을 동, 色 빛 색

뜻 풀과 녹색은 같은 색깔이다.
서로 같은 처지나 같은 부류의 사람들끼리 함께하다.

예문 이모는 내가 여동생과 싸울 때면 누가 **초록동색**이 아니랄까 봐 같은 여자라고 동생 편만 들어준다.

○ 다음 낱말 잇기의 빈 칸을 한자로 채워 봅시다.

• 세로 열쇠 •

1. 대륙(큰 땅덩어리)
2. 표면(거죽으로 드러난 면)
3. 곡선(모나지 않고 부드럽게 굽은 선)
5. 지도(지구 표면의 일부 또는 전부를 축척에 따라 평면상에 나타낸 그림)
6. 화실(화가 또는 조각가가 일을 하는 방)
7. 직구(야구에서 투수가 곧게 던지는 공)
9. 서기(회의 같은 데서 기록을 맡는 사람)
10. 지하수(땅속에 있는 흙·돌 따위의 빈 틈을 채우고 있는 물)
11. 시청(눈으로 보고 귀로 들음)
13. 대동소이(크게는 같고 작게는 다름)
15. 취재(어떤 사물에서 작품이나 기사의 재료를 얻음)
16. 방송(라디오나 텔레비전을 통해서 뉴스·음악·강연·연예 등을 보내어 널리 듣고 보게 하는 일)
18. 신용(믿고 의심하지 아니함)
20. 문학(인간의 사상, 감정 등을 말과 글로써 나타낸 것)
22. 어법(말의 구성이나 쓰는 법칙)

• 가로 열쇠 •

2. 표정(마음속에 생각하고 있는 것이 겉에 나타남)
4. 육지(물에 덮이지 않은 땅덩어리)
6. 화면(그림의 면)   7. 직선(꺾이거나 굽은 데가 없는 곧은 선)
8. 도서실(많은 책을 모아 두고 여러 사람이 읽을 수 있게 꾸며 놓은 방)
10. 지구(우리 인류가 살고 있는 땅덩이)   12. 최하(맨 아래)
14. 청취(방송·보고 등을 잘 들음)   17. 송신(다른 곳에 통신을 보냄)
19. 대소(사물의 크고 작음)   21. 용어(사용하는 말, 일정한 분야에서만 쓰는 말)
23. 학문 연구(학문을 깊이 캐고 생각함)   24. 법칙(반드시 지켜야 하는 규칙)

속담과 성어로 배우는 한자   103

읽으면서 깨치는
나의 첫 한자책 ③

지은이 | 이이화 강혜원 박은숙
그린이 | 박지윤 송진욱

1판 1쇄 발행일 2019년 8월 30일

발행인 | 김학원
편집주간 | 정미영
기획·편집 | 이다정 이주은
디자인 | 김태형 유주현 구현석 박인규 한예슬
마케팅 | 김창규 김한밀 윤민영 김규빈 김수아 송희진
제작 | 이정수
저자·독자 서비스 | 조다영 윤경희 이현주 이령은(humanist@humanistbooks.com)
용지 | 화인페이퍼
인쇄 | 삼조인쇄
제본 | 정민문화사

발행처 | 휴먼어린이
출판등록 | 제313-2006-000161호(2006년 7월 31일)
주소 | (03991) 서울시 마포구 동교로23길 76(연남동)
전화 | 02-335-4422 팩스 | 02-334-3427
홈페이지 | www.humanistbooks.com

글 ⓒ 이이화·강혜원·박은숙, 2019

ISBN 978-89-6591-374-0 74720
ISBN 978-89-6591-368-9(세트)

만든 사람들

기획 | 정미영(jmy2001@humanistbooks.com)
편집 | 정은미
디자인 | 림어소시에이션

- 이 도서의 국립중앙도서관 출판시도서목록(CIP)은 서지정보유통지원시스템 홈페이지(http://seoji.nl.go.kr)와
  국가자료공동목록시스템(http://www.nl.go.kr/kolisnet)에서 이용하실 수 있습니다.(CIP제어번호: CIP2019029763)
- 이 책은 저작권법에 따라 보호받는 저작물이므로 무단전재와 무단복제를 금합니다.
- 이 책의 전부 또는 일부를 이용하려면 반드시 저작권자와 휴먼어린이의 동의를 받아야 합니다.
- **사용연령 8세 이상** 종이에 베이거나 긁히지 않도록 조심하세요. 책 모서리가 날카로우니 던지거나 떨어뜨리지 마세요.